Erfülltes Leben, erfüllte Zeit

Dietrich Bonhoeffer

Erfülltes Leben, erfüllte Zeit

Gedanken, Lieder & Gebete
für viele Anlässe

benno

Bibliografische Information der Deutschen Nationalbibliothek
Die Deutsche Nationalbibliothek verzeichnet diese Publikation in
der Deutschen Nationalbibliografie; detaillierte bibliografische
Daten sind im Internet über http://dnb.d-nb.de abrufbar.

Besuchen Sie uns im Internet unter
www.st-benno.de

Gern informieren wir Sie unverbindlich und aktuell
auch in unserem Newsletter zum Verlagsprogramm,
zu Neuerscheinungen und Aktionen. Einfach anmelden
unter www.st-benno.de

ISBN 978-3-7462-5685-6

© St. Benno-Verlag GmbH, Leipzig
Zusammengestellt von Volker Bauch, Gößnitz
Umschlaggestaltung: Ulrike Vetter, Leipzig
Umschlagabbildung: © stock.adobe.com/pimonpim
Gesamtherstellung: Kontext, Dresden

Inhaltsverzeichnis

Von guten Mächten
wunderbar geborgen

Von guten Mächten treu und still umgeben,
behütet und getröstet wunderbar,
so will ich diese Tage mit euch leben
und mit euch gehen in ein neues Jahr.

Noch will das alte unsre Herzen quälen,
noch drückt uns böser Tage schwere Last.
Ach Herr, gib unsern aufgeschreckten Seelen
das Heil, für das du uns geschaffen hast.

Und reichst du uns den schweren Kelch,
    den bittern
des Leids, gefüllt bis an den höchsten Rand,
so nehmen wir ihn dankbar ohne Zittern
aus deiner guten und geliebten Hand.

Doch willst du uns noch einmal Freude
    schenken
an dieser Welt und ihrer Sonne Glanz,
dann wolln wir des Vergangenen gedenken,
und dann gehört dir unser Leben ganz.

Lass warm und hell die Kerzen heute flammen,
die du in unsre Dunkelheit gebracht,
führ, wenn es sein kann, wieder uns zusammen.
Wir wissen es, dein Licht scheint in der Nacht.

Wenn sich die Stille nun tief um uns breitet,
so lass uns hören jenen vollen Klang
der Welt, die unsichtbar sich um uns weitet,
all deiner Kinder hohen Lobgesang.

Von guten Mächten wunderbar geborgen
erwarten wir getrost, was kommen mag.
Gott ist bei uns am Abend und am Morgen
und ganz gewiss an jedem neuen Tag.

Glaube

Wir danken Gott für das,
was er an uns getan hat.
Wir beschweren uns nicht über das,
was Gott uns nicht gibt,
sondern wir danken Gott für das,
was er uns täglich gibt.

Der Grund, aus dem wir
als wirkliche Menschen leben dürfen
und den wirklichen Menschen
neben uns lieben dürfen,
liegt allein in der Menschwerdung Gottes,
in der unergründlichen Liebe
Gottes zum Menschen.

Das einzig fruchtbare Verhältnis zu den
Menschen – gerade zu den Schwachen –
ist Liebe, das heißt der Wille, mit
ihnen Gemeinschaft zu halten.
Gott selbst hat die Menschen nicht verachtet,
sondern ist Mensch geworden
um der Menschen willen.

Gott wird Mensch, wirklicher Mensch.
Während wir uns bemühen,
über unser Menschsein hinauszuwachsen,
den Menschen hinter uns zu lassen,
wird Gott Mensch und wir müssen erkennen,
dass Gott will, dass auch wir – Menschen,
wirkliche Menschen, seien.

Die Feiertagsruhe ist das sichtbare Zeichen dafür,
dass der Mensch aus der Gnade Gottes und
nicht aus Werken lebt.

Dem Dankbaren wird alles zum Geschenk,
weil er weiß, dass es für ihn überhaupt kein
verdientes Gut gibt.

Jesus Christus, der Mensch gewordene Gott – das bedeutet, dass in Jesus Christus der Mensch dazu befreit ist, vor Gott wirklich Mensch zu sein. Das „Christliche" ist nun nicht etwas jenseits des Menschlichen, sondern es will mitten im Menschlichen sein.

Dankbarkeit entspringt nicht aus dem eigenen Vermögen des menschlichen Herzens, sondern aus dem Wort Gottes. Dankbarkeit muss darum gelernt und geübt werden.

In der Dankbarkeit gewinne ich das rechte Verhältnis zu meiner Vergangenheit.
In ihr wird das Vergangene fruchtbar für die Gegenwart.

Der Inhalt der christlichen Botschaft
ist nicht, zu werden wie eine
jener biblischen Gestalten,
sondern zu sein –
wie Christus selbst.

Lasset uns danken dem Herrn,
unserem Gott, der uns
zum Frieden berufen hat
in sein ewiges Reich.

Beten heißt, Gott nahekommen und
nahe bleiben wollen,
weil er uns nahegekommen ist.

Es gibt vor Gott keinen Unterschied
zwischen Verborgenem und
Geheimem. Vor Gott ist alles
durchsichtig wie Licht.

Nicht die Formel, nicht die Zahl der
Worte, sondern der Glaube fasst
Gott bei seinem väterlichen Herzen,
das uns längst kennt.

Der Zeit dienen heißt nicht:
Dienet der Mode, sondern dienet der Zeit.
Mode ist das, was die Menschen dazutun
und was ebenso gut wie verächtlich sein kann.
Zeit ist das, was Gott tut,
und nicht den Menschen dienen,
sondern Gott dienen,
heißt der Zeit dienen.

❖

Aus der Erinnerung und Wiederholung
leben Glaube und Gehorsam.
Erinnerung wird zur Kraft
der Gegenwart, weil es der lebendige Gott ist,
der einst für mich gehandelt hat
und mich heute dessen vergewissert.

Friede soll sein,
weil Christus in der Welt ist,
das heißt Friede soll sein,
weil es eine Kirche Christi gibt,
um deretwillen allein
die ganze Welt noch lebt.

❖

Das rechte Gebet ist nicht ein Werk,
eine Übung, eine fromme Haltung,
sondern es ist die Bitte
des Kindes zum Herzen des Vaters.

❖

Wir aber wollen nicht Publikum,
sondern Gemeinde sein.

Unser Christsein wird heute
nur in zweierlei bestehen:
Im Beten und im Tun des Gerechten
unter den Menschen.
Alles Denken, Reden und Organisieren
in den Dingen des Christentums
muss neu geboren werden
aus diesem Beten und diesem Tun.

Dass der Glaube bleibt –
das heißt, dass es wahr bleibt,
dass der Mensch vom Unsichtbaren leben muss,
dass er nicht von seinem sichtbaren Werk,
sondern von der unsichtbaren Tat Gottes lebt.

Die Kirche ist nur Kirche,
wenn sie für andere da ist.

❖

Die Bibel ist der Ort,
an dem Gott erwählt hat,
uns zu begegnen.

❖

Im Gebet ist Christus, ist Gott uns
nahe. Nahet euch zu Gott,
so naht er sich zu euch.

Dort wo alle andere Sicherheit
bricht und stürzt,
wo uns eine Lebensstütze nach der anderen
weggezogen wird, vernichtet wird,
wo wir entsagen lernen müssen,
dort geschieht das ja alles nur,
weil Gott im Anzug ist und weil er uns nun
allein Stütze und Gewissheit sein will.

Wir sind nicht Christus,
aber wenn wir Christen sein wollen,
so bedeutet das, dass wir an der
Weite des Herzens Christi
teilbekommen sollen
in verantwortlicher Tat.

Die Frage nach dem Guten
als die Frage nach dem Wirklichen
ist die Frage nach Jesus Christus.

Alles, was wir mit Recht von
Gott erwarten, erbitten dürfen,
ist in Jesus Christus zu finden.

Man soll Gott in dem finden
und lieben, was er uns gerade gibt.

Wir müssen uns immer wieder
sehr lange und sehr ruhig
in das Leben, Sprechen, Handeln,
Leiden und Sterben Jesu versenken,
um zu erkennen, was Gott
verheißt und was er erfüllt.

❖

Die Wunder Jesu, die Wirkung Jesu,
sie waren ja nichts als sein Glaube.
Glauben heißt bedingungslos
trauen und wagen.

❖

Nur in Jesus Christus
sind wir eins, nur durch ihn
sind wir miteinander
verbunden.

Die Güter der Gerechtigkeit,
der Wahrheit, der Schönheit,
alle großen Leistungen überhaupt
brauchen Zeit, Beständigkeit, „Gedächtnis".

Bevor das Ohr
die unzähligen Stimmen des Tages vernimmt,
soll es in der Frühe die Stimme
des Schöpfers und Erlösers hören.

Nur der Glaube kann sorglos schlafen –
darum ist der Schlaf
eine Erinnerung an das Paradies –
der Glaube hat seine Sicherheit
allein in Gott.

Es heißt ja nicht: Gott wurde eine Idee,
ein Prinzip, ein Programm,
eine Allgemeingültigkeit, ein Gesetz,
sondern Gott wurde Mensch.

Wer an Gott glaubt, der glaubt in dieser Welt
an nichts anderes, denn er weiß,
es zerbricht und vergeht,
aber er braucht auch an nichts
„anderes" zu glauben,
denn er hat ja den, von dem alles kommt
und in dessen Hände alles fällt.

Alle Umkehr und Erneuerung
muss bei mir selbst anfangen.

Christliche Religion steht und fällt
mit dem Glauben an die in der Geschichte
wirklich, greifbar, sehbar gewordene –
freilich für die, die Augen haben zu sehen und
Ohren haben zu hören – göttliche Offenbarung.

Nicht was dieser oder jener Mann
der Kirche will, ist uns zuletzt
wichtig, sondern was Jesus will,
wollen wir wissen.

Das tägliche Empfangen
macht mich frei vom Morgen.

Recht geben heißt,
Gottes Gaben weitergeben,
dass sie nicht als meine,
sondern als Gottes Gabe erkannt wird.

❖

Die christliche Sache lebt und stirbt mit
dem Gebet, das Gebet ist das Herz
christlichen Lebens.

❖

Freude lebt von der Stille
und von der Unbegreiflichkeit.

Unser Sonntag ist der Tag, an dem wir Jesus Christus an uns und an den Menschen handeln lassen.
Zwar soll das alle Tage geschehen; aber am Sonntag ruhen wir von unserer Arbeit, damit es in besonderer Weise geschehe.

Die Hauptsache ist, dass man mit Gott Schritt hält und nicht immer schon einige Schritte vorauseilt, allerdings auch keinen Schritt hinter ihm zurückbleibt.

Lebe vor Gott als der, zu dem er dich gemacht hat. Aber dies Wort „lebe" kann ja kein Befehl sein, sondern es ist das Schöpferwort Gottes selbst.

Beten können wir nur,
weil Christus da ist,
in ihm hat unser Gebet seinen Grund,
denn durch ihn
haben wir Gott zum Vater.

Jesu Gebot will niemals Leben zerstören,
sondern Leben erhalten, stärken, heilen.

Bei Gott wohnt die Freude
und von ihm kommt sie herab
und ergreift Geist, Seele und Leib,
und wo diese Freude
einen Menschen gefasst hat,
dort greift sie um sich, dort reißt sie mit,
dort sprengt sie verschlossene Türen.

Darum ist rechte Freude
selbst immer etwas Unbegreifliches,
sowohl für die anderen als auch
für den, der sie empfindet.

❖

Gott macht uns froh,
wie nur Kinder froh sein können

❖

Nicht ein Gesetz,
sondern der lebendige Gott
und der lebendige Mensch,
wie er mir in Jesus Christus begegnet,
ist Ursprung und Ziel meines Gewissens.

Liebe

Gott ist Liebe,
das heißt nicht
ein menschliches Verhalten,
eine Gesinnung, eine Tat,
sondern Gott selbst ist Liebe.

Es gibt keinen Menschen, der ohne Liebe lebt.
Jeder Mensch hat Liebe, er weiß um ihre Macht
und um ihre Leidenschaft. Er weiß sogar, dass
diese Liebe den ganzen Sinn seines Lebens ausmacht.

❖

Nicht die Welt aus den Angeln zu heben, sondern am gegebenen Ort das sachlich – im Blick
auf die Wirklichkeit – Notwendige zu tun und
dieses wirklich zu tun, kann die Aufgabe sein.

❖

Die Liebe wird nie ungeduldig,
sie will nichts übereilen und erzwingen.
Sie rechnet mit langen Zeiträumen.
Warten, Geduld haben, weiter lieben
und freundlich sein, auch wo es gänzlich
fehlzuschlagen scheint.

Gott liebt den Menschen.
Gott liebt die Welt.
Nicht einen idealen Menschen,
sondern den Menschen, wie er ist,
nicht eine Idealwelt,
sondern die wirkliche Welt.

Nicht Ideale, Programme, nicht Gewissen,
Pflicht, Verantwortung, Tugend, sondern ganz
allein die vollkommene Liebe Gottes vermag,
der Wirklichkeit zu begegnen und sie zu über-
winden.

Nicht in unserm Leben muss sich Gottes Hilfe
und Gegenwart erst noch erweisen, sondern im
Leben Jesu Christi hat sich Gottes Gegenwart
und Hilfe für uns erwiesen.

Die erste Liebe ist die einzige Liebe,
die es überhaupt gibt – denn es ist
die Liebe aus Gott und zu Gott –,
außer dieser Liebe, dieser ersten Liebe,
gibt es nur Hass, und sie verlassen,
heißt Gott verlassen.

D andeden helfen zu können, bedeutet mir viel

Es gibt kaum ein beglückenderes Gefühl,
als zu spüren, dass man für andere Menschen
etwas sein kann.
Dabei kommt es gar nicht auf die Zahl,
sondern auf die Intensität an.

❖

Wie die Liebe zu Gott damit beginnt,
dass wir sein Wort hören,
so ist es der Anfang der Liebe zum Bruder,
dass wir lernen, auf ihn zu hören.

„Liebe" gibt es auch nicht als menschliche Eigenschaft, sondern als ein reales Zueinandergehören, Miteinandersein des Menschen mit dem Menschen und mit der Welt aufgrund der Liebe Gottes zu mir und zu ihnen.

Die Liebe Gottes zur Welt zieht sich nicht aus der Wirklichkeit zurück in weltentrückte edle Seelen, sondern sie erfährt und erleidet die Wirklichkeit der Welt aufs Härteste.

Gottes Friede ist, wie wenn eine Mutter ihrem weinenden Kind mit ihrer Hand über die Stirn streicht und es tröstet.

Dankbarkeit ist demütig genug,
sich etwas schenken zu lassen.
Der Stolze nimmt nur, was ihm zukommt.
Er weigert sich, ein Geschenk zu empfangen.

❖

Dankbarkeit sucht über der Gabe den Geber.
Sie entsteht an der Liebe, die sie empfängt.

❖

Dankbarkeit macht das Leben erst reich.

❖

Wie eine Mutter ihr Kind liebt, so wie es ist,
und es je mehr liebt, je größere Not es ihr berei-
tet, weil sie weiß, dass es ihre Liebe braucht –
so ist die Liebe Jesu zu uns.
Er nimmt uns an, wie wir sind.

Die Liebe kann warten,
lange warten,
bis zum Letzten warten.

❖

Frei sein heißt nichts anderes,
als in der Liebe sein.
Und in der Liebe sein heißt nichts anderes,
als in der Wahrheit Gottes sein.

❖

Frieden haben heißt sich getragen wissen,
sich geliebt wissen, sich behütet wissen,
heißt still, ganz still werden können
mit einem Menschen.

Wie Gottes Liebe in die Welt einging
und sich dem Missverständnis
und der Zweideutigkeit alles Weltlichen ergab,
so existiert die christliche Liebe
auch nicht anders als im Weltlichen,
in der unendlichen Fülle konkreten
weltlichen Handelns aller Missdeutung
und Verurteilung unterworfen.

Die Liebe trägt nicht nach.
Sie tritt dem anderen jeden Tag
neu und mit neuer Liebe gegenüber
und vergisst, was dahinten liegt –
sie macht sie damit zum Spott
der Menschen, zum Narren – und sie wird
auch dadurch nicht irr, sondern sie
fährt fort zu lieben.

Gott ist Liebe (1 Joh 4,16) – das ist nicht mehr eine allgemeine Lebensweisheit oder -unweisheit, sondern es ist der reale, einzige unzerstörbare Grund, auf dem ein ganzes Leben aufgebaut wird.

❖

Die Liebe ist langmütig und freundlich – sie wartet, wie man auf einen, der sich verirrt und verlaufen hat, wartet und sich freut, wenn er überhaupt noch kommt.

❖

Gott ist Liebe.
Das heißt,
dass Anfang und Ende
menschlichen Lebens
bei Gott aufgehoben sind.

Nicht Genies, nicht Zyniker,
nicht Menschenverächter,
nicht raffinierte Taktiker,
sondern schlichte, einfache, gerade
Menschen werden wir brauchen.

[handschriftliche Notizen am Rand: D um die Mensch-heit in Schachzu halten?]

[handschriftliche Notiz: Oder ist das Leben von außen nicht immer schlicht, aber das innen macht das Leben besonders. Wenns innen schlicht ❖ ist, ist was falsch:]

Es bleibt von all dem zuletzt nur eines, nämlich
die Liebe, die wir in unseren Gedanken, Sorgen,
Wünschen und Hoffnungen gehabt haben.
Alles andere hört auf, vergeht, alles, was wir
nicht aus Liebe gedacht und ersehnt haben.

Gottes Wahrheit
ist Gottes Liebe und Gottes Liebe
macht uns frei von uns selbst
für den andern.

❖

Christus liebte nicht wie
ein Ethiker eine Theorie
über das Gute,
sondern er liebte den
wirklichen Menschen.

❖

Keiner ist für den
geringsten Dienst zu gut.

Geistliche Liebe kommt von Jesus Christus her,
sie dient ihm allein, sie weiß,
dass sie keinen unmittelbaren Zugang zum
andern Menschen hat. Christus steht
zwischen mir und dem andern.

❖

Jesu Liebe – das ist die Liebe,
die aus der Ewigkeit kommt
und auf die Ewigkeit zielt.

❖

Herr Jesus Christus,
du warst arm und elend,
gefangen und verlassen wie ich.
Du kennst alle Not der Menschen,
du vergisst mich nicht
und suchst mich.

Christliche Liebe und Hilfe
für die Schwachen bedeutet
die Erniedrigung des Starken
vor dem Schwachen,
des Gesunden vor dem Leidenden,
des Mächtigen vor dem Ausgebeuteten.

❖

Die Liebe will klare Verhältnisse
schaffen und sehen,
sie freut sich der Wahrheit –
denn nur in der Wahrheit
kann sie aufs Neue lieben.

❖

Wachsein heißt den Tag
und sein Werk lieben.

Der Grund der Liebe Gottes zum
Menschen liegt nicht im Menschen,
sondern allein in Gott selbst.

Jesu Liebe ist Liebe,
die das Kreuz auf sich nimmt.
Jesu Liebe – das ist die Liebe,
die uns gilt, so wie wir sind.

Erkenntnis, Wissen, Wahrheit,
ohne Liebe ist nichts,
sie ist nicht Wahrheit –
denn Wahrheit ist Gott
und Gott ist Liebe –,
darum ist Wahrheit ohne Liebe Lüge.

Hoffnung und Trost

Wir dürfen wissen, dass Gott weiß, was wir bedürfen, ehe wir darum bitten. Das gibt unserem Gebet größte Zuversicht und fröhliche Gewissheit.

Denken und Handeln im Blick
auf die kommende Generation,
dabei ohne Furcht und Sorge
jeden Tag bereit sein zu gehen –
das ist die Haltung, die uns praktisch
aufgezwungen ist und die tapfer
durchzuhalten nicht leicht,
aber notwendig ist.

Je mehr ein Mensch zu hoffen wagt,
desto größer wird er
mit seiner Hoffnung:
Der Mensch wächst mit seiner Hoffnung –
wenn es nur die Hoffnung auf Gott
und seine alleinige Kraft ist.
Die Hoffnung bleibt.

Gott kann warten,
er wartet manchmal Jahre um Jahre.
Gott wartet in der Hoffnung,
dass der Mensch endlich seine Züge verstehen
und sein Leben ihm ausliefern möchte.

Wir dürfen wissen, dass Gott weiß,
was wir bedürfen, ehe wir darum bitten.
Das gibt unserem Gebet
größte Zuversicht und fröhliche Gewissheit.

Vergebung ist ohne Anfang und Ende,
sie geschieht täglich unaufhörlich,
denn sie kommt von Gott.

Gott, du hast dir mein Herz
gefügig und willig gemacht,
hast zu mir geredet
von deiner Sehnsucht
und ewigen Liebe,
von deiner Treue und Stärke;
als ich Kraft suchte, stärktest du mich,
als ich Halt suchte, hieltest du mich,
als ich Vergebung suchte,
vergabst du mir die Schuld.

Glaube und Hoffnung
gehen in die Ewigkeit ein
in der verwandelten
Gestalt der Liebe.
Vollendung heißt Liebe.

Die Last, die Gott dem Menschen auferlegt hat,
nimmt Jesus dem Menschen nicht ab.
Aber er macht dem Menschen
die Last dadurch leichter,
dass er ihm zeigt, wie er sie tragen muss.

Gott hat eure Zeit geheiligt;
jede Zeit, recht verstanden,
ist unmittelbar zu Gott; und Gott will,
dass wir ganz sind, was wir sind.

Gottes Friede heißt Stille für die Abgekämpften,
Linderung für die gequälten, wunden Herzen,
Tröstung für die Bekümmerten und Weinenden.

Christen sind Pessimisten
in Bezug auf die Welt,
sie erwarten nicht allzu viel
von der Welt, sind nicht kulturselig,
aber sie sind Optimisten in Bezug
auf das Göttliche in der Welt, sie wissen,
dass Gott ihnen die Ewigkeit schenkt,
darum sind es freudige,
heitere Menschen.

❖

Der Friede, den wir brauchen,
der Friede, der von der Ewigkeit
herabkommt, der Friede Gottes
mit seiner Menschheit,
mit jedem Einzelnen von uns.

Der Friede Gottes ist ein Friede,
der höher ist als alle Vernunft.
Der Friede Gottes ist die Treue Gottes
unserer Untreue zum Trotz.

Die Bibel will uns nie Angst machen.
Gott will nicht, dass der Mensch sich fürchtet.
Auch nicht vor dem letzten Gericht.
Sondern er lässt den Menschen
das alles wissen,
damit er erkenne,
was es um das Leben
und um seinen Sinn ist.

Optimismus ist in seinem Wesen
keine Ansicht über die
gegenwärtige Situation,
sondern er ist eine Lebenskraft,
eine Kraft der Hoffnung,
wo andere resignieren.

❖

Wo noch Hoffnung ist,
da ist kein Unterliegen.

Darum schuf Gott Tag und Nacht,
damit wir nicht im Grenzenlosen
wanderten, sondern am Morgen schon
das Ziel des Abends vor uns sähen.

❖

Ich glaube, dass Gott aus allem,
auch aus dem Bösesten,
Gutes entstehen lassen
kann und will.

❖

Im Frieden Gottes
sind wir geborgen,
behütet und geliebt.

Der Gott, der es Tag und Nacht
werden lässt, der gibt auch Zeiten
des Durstes, Zeiten der Erquickung,
Gott gibt Sturm und er gibt ruhige Fahrt,
Gott gibt Zeiten der Sorge und Angst
und Gott gibt Zeiten der Freude.

Optimismus ist eine Kraft,
den Kopf hochzuhalten,
wenn alles fehlzuschlagen scheint,
eine Kraft, Rückschläge zu ertragen,
eine Kraft, die die Zukunft
niemals dem Gegner lässt,
sondern sie für sich in Anspruch nimmt.

Gott, zu dir rufe ich am frühen Morgen,
hilf mir beten und meine Gedanken sammeln;
ich kann es nicht allein.
In mir ist es finster, aber bei dir ist Licht,
ich bin einsam, aber du verlässt mich nicht,
ich bin kleinmütig, aber bei dir ist Hilfe,
ich bin unruhig, aber bei dir ist Frieden,
in mir ist Bitterkeit, aber bei dir ist Geduld,
ich verstehe deine Wege nicht,
aber du weißt den rechten Weg für mich.

Lasst den Kopf nicht hängen,
klagt nicht über die schlechten Zeiten.
Ich bin im Schiff.
Er ist auch in diesem Kirchenschiff.
So hört ihn doch und glaubt ihm doch.

Vater im Himmel, Lob und Dank sei dir für die Ruhe der Nacht, Lob und Dank sei dir für den neuen Tag, Lob und Dank sei dir für alle deine Güte und Treue in meinem vergangenen Leben. Du hast mir viel Gutes erwiesen, lass mich nun auch das Schwere aus deiner Hand hinnehmen. Du wirst mir nicht mehr auferlegen, als ich tragen kann.
Du lässt deinen Kindern alle Dinge zum Besten dienen.

❖

Frieden haben heißt
eine Heimat haben
in der Unruhe der Welt,
heißt festen Boden
unter den Füßen haben.

Täglich wollen wir uns fragen,
wo wir durch die Tat
Zeugnis geben können für das Reich,
in dem Liebe und Friede herrscht.
Nur aus dem Frieden zwischen zweien
und dreien kann der große Friede
einmal erwachsen, auf den wir hoffen.

Ich glaube, dass auch unsere Fehler
und Irrtümer nicht vergeblich sind
und dass es Gott nicht schwerer ist,
mit ihnen fertigzuwerden als mit
unseren vermeintlichen Guttaten.

Nicht alle unsere Wünsche,
aber alle seine Verheißungen
erfüllt Gott.

❖

Nicht auf uns steht
unsere Hoffnung,
sondern auf Gott.
Wo aber gäbe es einen Ort,
wo sie fester stände als auf Gott.

❖

Wer das Morgen ganz
in die Hand Gottes legt
und heute ganz empfängt,
was er zum Leben braucht,
der allein ist wahrhaftig gesichert.

Zuspruch und Neubeginn

Allein wo Gott ist,
ist das Neue und der Anfang.

Gottes Wege sind die Wege, die er selbst gegangen ist und die wir nun mit ihm gehen sollen. Keinen Weg lässt uns Gott gehen, den er nicht selbst gegangen wäre und auf dem er uns nicht voranginge.

❖

Gott kennt den ganzen Weg, wir wissen nur den nächsten Schritt und das letzte Ziel. Es gibt kein Stehenbleiben, jeden Tag, jede Stunde geht es weiter.

❖

Mit Gott tritt man nicht auf der Stelle, sondern man beschreitet einen Weg. Es geht voran oder man ist nicht mit Gott.

Man muss sich hüten,
in den Erinnerungen zu wühlen,
sich ihnen auszuliefern,
wie man auch ein kostbares Geschenk
nicht immerfort betrachtet,
sondern nur zu besonderen Stunden,
und es sonst nur
wie einen verborgenen Schatz,
dessen man sich gewiss ist, besitzt.

Nicht schlafen, sondern wach sein
soll der Mensch.
Heißt nüchtern sein,
nicht in Träumen und Wünschen leben,
sondern in der hellen Wirklichkeit.

Ich glaube, dass Gott uns in jeder Notlage so viel Widerstandkraft geben will, wie wir brauchen. Aber er gibt sie nicht im Voraus, damit wir uns nicht auf uns selbst, sondern allein auf ihn verlassen.

Nicht das Beliebige, sondern das Rechte tun und wagen, nicht im Möglichen schweben, das Wirkliche tapfer ergreifen, nicht in der Flucht der Gedanken, allein in der Tat ist die Freiheit.

Gott geht wunderbare Wege mit den Menschen, er richtet sich nicht nach der Meinung und Ansicht der Menschen. Gott geht nicht den Weg, den die Menschen ihm vorschreiben wollen, sondern sein Weg ist über alles Begreifen, über alles Beweisen frei und eigenwillig.

Es ist der von Gott gebahnte und
von Gott geschätzte Weg,
auf den er uns ruft.
So ist es wirklich sein Weg.

❖

Wer Gott von ganzem Herzen sucht,
der wird nicht in die Irre gehen.

❖

Nicht die unendlichen,
unerreichbaren Aufgaben,
sondern der jeweils gegebene
erreichbare Nächste
ist das Transzendente.
Gott in Menschengestalt!

Gott verbündet sich mit Glück und Unglück, um Menschen auf seinen Weg und zu seinem Ziel zu führen. Der Weg heißt: halten der Gebote Gottes, und das Ziel heißt: Wir bleiben in Gott und Gott bleibt in uns. Glück und Unglück kommen zu ihrer Erfüllung in der Seligkeit dieses Ziels: Wir in Gott, Gott in uns; und der Weg zu diesem Ziel, das Gehen in den Geboten Gottes, ist schon der Beginn dieser Seligkeit. Woran erkennen wir, dass wir – durch Glück oder Unglück – dieser Seligkeit entgegengehen? Daran, dass in uns eine unwiderstehliche Liebe zu diesem Weg und zu diesem Ziel wach geworden ist. Diese Liebe stammt von Gott. Sie ist der Heilige Geist, den Gott uns gegeben hat.

Mensch hab acht auf deine Seele; was sollen wir sagen von jener Seele: Sie ist das Leben, das Gott uns gegeben hat; sie ist das, was Gott an uns geliebt hat, was er aus seiner Ewigkeit heraus angerührt hat, sie ist die Liebe in uns und die Sehnsucht und die heilige Unruhe und die Verantwortung und die Fröhlichkeit und der Schmerz, sie ist göttlicher Odem, gehaucht in vergängliches Wesen. Mensch, du hast eine Seele.

❖

So gewiss der Mensch glaubt,
so gewiss hofft er.
Und es ist keine Schande
zu hoffen, grenzenlos zu hoffen.

Jeder neue Morgen ist ein neuer Anfang unseres Lebens. Jeder Tag ist ein abgeschlossenes Ganzes. Der heutige Tag ist die Grenze unseres Sorgens und Mühens (Mt 6,34; Jk 4,14). Er ist lang genug, um Gott zu finden oder zu verlieren, um Glauben zu halten oder in Sünde und Schande zu fallen. Darum schuf Gott Tag und Nacht, damit wir nicht im Grenzenlosen wanderten, sondern am Morgen schon das Ziel des Abends vor uns sähen. Wie die alte Sonne doch täglich neu aufgeht, so ist auch die ewige Barmherzigkeit Gottes alle Morgen neu (Klgl 3,23).

Gehorsam handelt, ohne zu fragen,
Freiheit fragt nach dem Sinn.

Die alte Treue Gottes
allmorgendlich neu zu fassen,
mitten in einem Leben mit Gott
täglich ein neues Leben mit ihm
beginnen zu dürfen,
das ist das Geschenk,
das Gott mit jedem neuen Morgen macht.

❖

Gott führe uns freundlich
durch diese Zeiten;
aber vor allem führe er uns zu sich.

Du, Mensch, hast eine Seele; schau, dass du
sie nicht verlierst, dass du nicht eines Tages vom
Taumel des Lebens erwachst – und sehen musst,
dass du innerlich hohl geworden bist, ein Spiel-
ball der Ereignisse, ein Blatt vom Winde hin und
her getrieben und verweht – dass du ohne Seele
bist.

❖

Ich hatte nicht gewollt, aber du, Gott,
überwandest meinen Willen,
meinen Widerstand, mein Herz.
Gott, du verführtest mich unwiderstehlich,
dass ich mich dir hingab.
Herr, du hast mich überredet
und ich habe mich überreden lassen.

Gottes Wort ist lebendig und unerschöpflich;
denn Gott selbst lebt darin.
Hat uns Gottes Wort getroffen,
so dürfen wir es sagen:
Ich suche dich von ganzem Herzen
(Ps 119,10).

❖

Frei sein heißt,
„frei sein für den anderen",
weil der andere mich
an sich gebunden hat.

❖

Nur der für das Geringe dankt,
empfängt auch das Große.

Wachsein heißt, den hellen Tag Gottes sehen, wie er ist; seine Schöpfung und sein Werk lieben, aber zugleich die Leiden der Kreatur, die Not und die Hilflosigkeit des anderen Menschen sehen, seinen Anspruch vernehmen, auch dort, wo er unausgesprochen bleibt.

❖

Niemand besitzt Gott so, dass er nicht mehr ganz auf ihn warten müsste. Und doch: niemand kann auf Gott warten, der nicht wüsste, dass Gott schon längst auf ihn gewartet hat.

❖

Es gibt menschliche Grundwahrheiten, zu denen das Leben früher oder später immer wieder zurückkehrt. Darum dürfen wir keine Eile haben, wir müssen warten können.
„Gott sucht wieder auf, was vergangen ist."

Gott, du hast es mit mir angefangen. Du hast mir nachgestellt, hast mich nicht loslassen wollen, bist mir immer wieder hier oder dort plötzlich in den Weg getreten, hast mich verlockt und betört.

❖

Es ist in der Seele des Menschen, so wahr er nur Mensch ist, ein Ding, das sie unruhig macht, das sie hinweist auf das Unendliche, Ewige.

❖

Die eigenen Wege führen im Kreise immer zu uns selbst zurück. Aber wenn Gott unsere Wege leitet, dann führen sie zu ihm. Gott leitet uns durch Glück und Unglück – immer nur zu Gott.
Daran erkennen wir Gottes Wege.

Ein Christ sagt nicht, er stehe allezeit in Versuchung und allezeit in der Bewahrung, sondern er betet in den Zeiten der Bewahrung, Gott wolle die Zeit der Versuchung nicht über ihn kommen lassen.

❖

Gott wird besser geehrt, wenn wir das Leben, das er uns gegeben hat, in allen seinen Werten kennen und ausschöpfen und lieben.

❖

Lasst euch versöhnen mit Gott –
gebt ihm sein Recht über euch
und ihr findet mit Gott
auch den Bruder, den Nächsten wieder,
lasst euch versöhnen mit Gott,
so seid ihr versöhnt mit eurem Bruder.

Feste im Jahreskreis

Jetzt erkennen wir,
dass diese Stunden,
in denen Gott unseren Weg
gekreuzt hat,
die einzigen Stunden
von wirklicher Bedeutung
in unserem Leben sind.

ADVENT

Advent feiern heißt warten können;
warten ist eine Kunst,
die unsere ungeduldige Zeit
vergessen hat.

❖

Christus steht vor der Tür,
er lebt in Gestalt des Menschen
unter uns, willst du ihm die Tür
verschließen oder öffnen?

Jesus steht vor der Tür und klopft an
(Offb 3,20) ganz in Wirklichkeit,
er bittet dich in Gestalt des Bettlers,
des verkommenen Menschenkindes
in den verlumpten Kleidern, um Hilfe,
er tritt dir gegenüber in jedem Menschen,
der dir begegnet.

❖

Christus klopft an,
noch ist nicht Weihnachten,
aber noch ist's auch nicht
der große letzte Advent,
das letzte Kommen Christi,
und durch alle Advente unseres Lebens,
die wir feiern, geht die Sehnsucht
nach dem letzten Advent, wo es heißt:
Siehe, ich mache alles neu
(Offb 21,5).

Sehet auf, erhebet eure Häupter. Advent schafft Menschen, neue Menschen. Neue Menschen sollen auch wir im Advent werden.

❖

Advent könnte nur der feiern, dessen Seele ihm keine Ruhe lässt, der sich arm und unvollkommen weiß und der etwas ahnt von der Größe dessen, was da kommen soll, vor dem es nur gilt, sich in demütiger Scheu zu beugen, wartend, bis er sich zu uns neigt.

❖

Adventszeit ist Wartezeit, unser ganzes Leben aber ist Advents- das heißt Wartezeit auf's Letzte, auf die Zeit, da ein neuer Himmel und eine neue Erde sein wird.

WEIHNACHTEN

In der Welt herrscht die Gewalt, dieses Kind ist der Fürst des Friedens. Wo es ist, dort herrscht Friede.

Mit der Geburt Jesu ist das große Friedensreich angebrochen. Ist es nicht ein Wunder, dass dort, wo Jesus wirklich Herr über die Menschen geworden ist, auch Friede herrscht?

Wir müssen uns klar werden, wie wir angesichts der Krippe im Stall von Bethlehem künftighin über hoch und niedrig im menschlichen Leben denken wollen.

Bleib stehen vor diesem Wort! Gott ist ein Kind geworden! Hier ist es arm wie wir, elend und hilflos wie wir, ein Mensch von Fleisch und Blut wie wir, unser Bruder. Und doch ist es Gott, doch ist es Kraft!

❖

Fürchtest du dich vor Gottes Zorn,
so geh zum Kind in der Krippe
und lass dir hier den Frieden Gottes schenken.

❖

Nicht durch Gewalt will Jesus sein Friedensreich aufrichten, sondern wo Menschen sich willig ihm unterwerfen, ihn über sich herrschen lassen, dort schenkt er ihnen seinen wunderbaren Frieden.

Die Herrschaft, die auf den
Schultern des Kindes
in der Krippe liegt,
besteht im geduldigen Tragen
der Menschen und ihrer Schuld.

❖

Die Bibel ist voll
von der Verkündigung,
dass das große Wunder
geschehen ist ohne Tun des
Menschen als Tat Gottes.

❖

Die Herrlichkeit Jesu
ist verborgen in seiner Niedrigkeit
und wird allein im Glauben geschaut.

Ein Mensch erhält sich so viel
vom Kinde in ihm,
als er das Geheimnis ehrt.

❖

Gott kommt, der Herr Jesus kommt,
Weihnachten kommt.
Freu dich, o Christenheit!

❖

Nicht der fernste Stern
ist das größte Geheimnis,
sondern im Gegenteil,
je näher uns etwas kommt,
je besser wir etwas wissen,
desto geheimnisvoller wird es uns.

Der Mensch wird Mensch,
weil Gott Mensch wurde.
Aber der Mensch wird nicht Gott.

❖

Wer wird Weihnachten recht feiern?
Wer alle Gewalt, alle Ehre, alles Ansehen,
alle Eitelkeit, allen Hochmut,
alle Eigenwilligkeit endlich
niederlegt an der Krippe.

❖

Christus bringt dies alles wieder,
und zwar so, wie es von Gott
ursprünglich gemeint war,
ohne die Entstellung durch unsere Sünde.

Und das ist das
Wunder aller Wunder,
dass Gott das Niedrige liebt.

❖

Es wird Weihnachten,
ob mit uns oder ohne uns,
das liegt bei jedem einzelnen von uns.

❖

Die unendliche Barmherzigkeit
des allmächtigen Gottes kommt zu uns,
lässt sich zu uns herab
in der Gestalt eines Kindes,
seines Sohnes.

Die Geburt eines Kindes soll die große Wendung aller Dinge herbeiführen, soll der ganzen Menschheit Heil und Erlösung bringen. Worum sich Könige und Staatsmänner, Philosophen und Künstler, Religionsstifter und Sittenlehrer vergeblich bemühen, das geschieht nun durch ein neugeborenes Kind.

Gott nahm
in der Geburt Jesu Christi
die Menschheit an,
nicht nur einen einzelnen Menschen.

JAHRESWECHSEL

Die Freude Gottes ist durch die Armut der
Krippe und die Not des Kreuzes gegangen;
darum ist sie unüberwindlich, unwiderleglich.

Wach sein heißt offen sein,
bereit sein für die Zukunft,
ihr ins Auge sehen und sich nicht fürchten.

Gott wird unsere Wege und Pläne
immer wieder ja täglich durchkreuzen,
indem er uns Menschen
mit ihren Ansprüchen und Bitten
über den Weg schickt.

Ende des Jahres.
Seit Langem haben wir uns daran gewöhnt,
nicht mit langen Zeitabschnitten zu rechnen.
Wir können und sollen es auch nicht.
Gehorsam zu lernen an jedem Tag,
ist uns genug.

OSTERN

Das Kreuz Christi zu erkennen als die unüberwindliche Liebe Gottes zu allen Menschen, zu uns ebenso wie zu unseren Feinden, das ist die beste Klugheit.

❖

Wer die Auferstehung Jesu Christi gläubig bejaht, der kann nicht mehr weltflüchtig werden, er kann aber auch nicht mehr der Welt verfallen, denn er hat mitten in der alten Schöpfung die neue Schöpfung Gottes erkannt.

❖

Die Kreuzigung Jesu Christi ist der zwingendste Beweis dafür, dass Gottes Liebe allen Zeiten gleich nah und gleich fern ist.

Jesu Liebe ist die Liebe,
mit der er uns allein
um unsertwillen geliebt hat,
dafür auf Erden den Spott und Hass
der Menschen auf sich geladen hat
und am Kreuze starb.

Nicht eine fatalistische Ergebung, sondern der
lebendige Glaube an den für uns gestorbenen
und auferstandenen Jesus Christus vermag
ernstlich, mit dem Tode fertig zu werden.

Nicht von der Kunst des Sterbens,
sondern von der Auferstehung Christi her
kann ein neuer, reinigender Wind
in die gegenwärtige Welt wehen.

Christus ist nicht in die Welt gekommen,
dass wir ihn begriffen, sondern dass wir
uns an ihn klammern, dass wir uns
einfach von ihm hinreißen lassen
in das ungeheure Geschehen
der Auferstehung.

Das Kreuz ist das Zeichen,
in dem alle falsche Sicherheit
in unserem Leben gerichtet
und der Glaube an Gott allein
aufgerichtet ist.

Jesus hat Frieden geschaffen
mit all unseren Feinden am Kreuz.
Diesen Frieden lasst uns bezeugen
vor jedermann.

Das Kreuz ist das seltsame Licht,
das da leuchtet, in dem alle
diese guten Werke der Jünger
allein gesehen werden können.

Die Jünger Jesu halten Frieden,
indem sie lieber selbst leiden,
als dass sie einem
anderen Leid tun.

Von Gott angenommen,
im Kreuze gerichtet und versöhnt,
das ist die Wirklichkeit der Menschheit.

Das Wunder
der Auferstehung Christi
hebt die Vergötzung des Todes,
wie sie unter uns herrscht,
aus den Angeln.

Gott lässt sich aus der Welt heraus
drängen ans Kreuz,
Gott ist ohnmächtig und schwach
in der Welt und gerade und nur so
ist er bei uns und hilft uns.

Auf das Kreuz zeigen wir und sagen:
Sieh Israel, das ist dein Gott,
der dich aus der Knechtschaft geführt hat
und wieder führen wird.
Kommt, glaubt, betet an.

Die Friedfertigen werden
mit ihrem Herrn das Kreuz tragen;
denn am Kreuz wurde der Friede
gemacht (Eph 2,14–16).

Kämpfe werden nicht mit Waffen
gewonnen, sondern mit Gott.
Sie werden auch dort noch gewonnen,
wo der Weg ans Kreuz führt.

In der Auferstehung erkennen wir,
dass Gott die Erde nicht preisgegeben,
sondern sich zurückerobert hat.
Er hat ihr eine neue Zukunft,
eine neue Verheißung gegeben.

Wer Gott im Kreuze Jesu Christi
gefunden hat, weiß, wie wunderlich
sich Gott in dieser Welt verbirgt
und wie er gerade dort am nächsten ist,
wo wir ihn am fernsten glauben.

❖

Wo das Wunder der Auferstehung
und des neuen Lebens
mitten in die Todeswelt hineinleuchtet,
dort verlangt man vom Leben keine Ewigkeiten,
dort nimmt man vom Leben, was es gibt,
nicht alles oder nichts, sondern Gutes und Böses.

❖

Der auferstandene Christus
trägt die neue Menschheit in sich,
das letzte herrliche Ja Gottes
zum neuen Menschen.

Nicht von Unsterblichkeit
ist Ostern die Rede,
sondern von Auferstehung.

❖

Das Kreuz der Versöhnung ist die Befreiung
zum Leben vor Gott
mitten in der gottlosen Welt,
es ist die Befreiung
zum Leben in echter Weltlichkeit.

PFINGSTEN

Der Herr der Zeiten ist Gott,
der Wendepunkt der Zeiten ist Christus,
der rechte Zeitgeist ist der Heilige Geist.

Heiliger Geist,
gib mir die Hoffnung,
die mich befreit
von Furcht und Verzagtheit.

Heiliger Geist, gib mir den Glauben,
der mich vor Verzweiflung und Laster rettet.
Gib mir die Liebe zu Gott und den Menschen,
die allen Hass und alle Bitterkeit vertilgt.

Es gibt kein Stillstehen.
Jede Gabe, jede Erkenntnis,
die ich empfange, treibt mich nur
tiefer in das Wort Gottes hinein.

❖

Der Heilige Geist
ist nicht toter Buchstabe,
sondern der lebendige Gott.

❖

Diese Liebe stammt von Gott.
Sie ist der Heilige Geist,
den Gott uns gegeben hat.

Lebensfeste

Bleibt der Erde treu,
trachtet nach dem,
was auf Erden ist.
Das ist zahllosen Menschen
ein heiliges Anliegen –
und wir begreifen ihren Eifer.

GEBURT UND TAUFE

Es gibt keinen Menschen, der ohne Liebe lebt.
Jeder Mensch hat Liebe, er weiß um ihre Macht
und um ihre Leidenschaft. Er weiß sogar, dass
diese Liebe den ganzen Sinn seines Lebens
ausmacht. Diese Liebe aber, um deren Macht,
Leidenschaft und Sinn jeder Mensch weiß, ist
die Liebe des Menschen zu sich selbst. Paulus
zwingt die Selbstliebe zur Verantwortung, indem
er vor ihr, vor uns das Bild der Liebe entwirft,
die vor Gott gilt.
Die Liebe wird nie ungeduldig, sie will nichts
übereilen und erzwingen. Sie rechnet mit langen
Zeiträumen.
Warten, Geduld haben, weiter lieben und
freundlich sein, auch wo es ganz fehlzuschlagen scheint – das allein überwindet Menschen,
das allein löst die Fesseln, die jeden Menschen
ketten, die Fesseln der Menschenfurcht und der

Angst vor einem Umbruch, vor einem neuen
Leben.
Freundlichkeit – das scheint oft so gänzlich un-
angebracht zu sein – aber die Liebe ist langmütig
und freundlich – sie wartet, wie man auf einen,
der sich verirrt und verlaufen hat, wartet und
sich freut, wenn er überhaupt noch kommt.

Fragen wir, wie wir ein Leben
mit Gott anfangen könnten,
so antwortet die Bibel,
dass Gott schon längst das Leben
mit uns angefangen hat.

Gott hat den Anfang gesetzt, das ist die freudige Gewissheit des Glaubens. Darum soll ich nicht neben den „einen" Anfang Gottes noch zahllose eigene Anfänge zu setzen versuchen. Gerade davon bin ich befreit, der Anfang liegt ein für alle Mal hinter mir, Gottes Anfang nämlich.

Wir sind einander auf dem Wege, dessen Anfang darin bestand, dass Gott die Seinen gefunden hat, und dessen Ende immer nur darin bestehen kann, dass Gott sie wieder sucht. Der Weg zwischen diesem Anfang und diesem Ende ist der Wandel im Gesetz Gottes. Es ist das Leben unter dem Wort Gottes in seiner ganzen Vielgestaltigkeit. Nur eine Gefahr gibt es in Wahrheit auf diesem Wege, nämlich hinter den Anfang zurückzuwollen. In diesem Augenblick hört der Weg auf ein Weg der Gnade und des Glaubens zu sein. Er hört auf, Gottes eigener Weg zu sein.

Die Geheimnislosigkeit unseres modernen Lebens ist unser Verfall und unsere Armut. Ein menschliches Leben ist so viel wert, als es Respekt behält vor dem Geheimnis. Ein Mensch erhält sich so viel vom Kinde in ihm, als er das Geheimnis ehrt. Darum haben die Kinder so offene, erwachende Augen, weil sie wissen, dass sie umgeben sind vom Geheimnis. Sie sind mit dieser Welt noch nicht fertiggeworden, sie wissen sich noch nicht so durchzuschlagen und die Geheimnisse zu umgehen, wie wir es wissen.

Alles, was wir mit Recht von Gott erwarten, erbitten dürfen, ist in Jesus Christus zu finden. Wir
müssen uns immer wieder sehr lange und sehr
ruhig in das Leben, Sprechen, Handeln, Leiden
und Sterben Jesu versenken, um zu erkennen,
was Gott verheißt und was er erfüllt. Gewiss
ist, dass wir immer in der Nähe und unter der
Gegenwart Gottes leben dürfen und dass dieses
Leben für uns ein ganz neues Leben ist; dass
es für uns nichts Unmögliches mehr gibt, weil
es für Gott nichts Unmögliches gibt; dass keine
irdische Macht uns anrühren kann ohne Gottes Willen, und dass Gefahr und Not uns nur
näher zu Gott treibt; gewiss ist, dass wir nichts
zu beanspruchen haben und doch alles erbitten
dürfen; gewiss ist, dass im Leiden unsere Freude,
im Sterben unser Leben verborgen ist; gewiss ist,
dass wir in dem allen in einer Gemeinschaft stehen, die uns trägt. Zu all dem hat Gott in Jesus
Ja und Amen gesagt. Dieses Ja und Amen ist der
feste Boden, auf dem wir stehen.

Nicht der Gedanke, sondern die
Verantwortungsbereitschaft
ist der Ursprung zur Tat.

❖

Aus Liebe zum Menschen
wird Gott Mensch. Er sucht sich nicht
den vollkommensten Menschen,
um sich mit ihm zu verbinden,
sondern er nimmt
menschliches Wesen an, wie es ist.

❖

Nicht der Schwache
hat dem Starken zu dienen,
sondern der Starke dem Schwachen –
und dies nicht aus Wohltätigkeit,
sondern aus Fürsorge und Ehrfurcht.

HOCHZEIT, EHEJUBILÄUM, VALENTINSTAG

Wo zwei Menschen alles voneinander wissen, wird das Geheimnis ihrer Liebe zwischen ihnen unendlich groß.

❖

Nicht eure Liebe trägt die Ehe,
sondern von nun an trägt die Ehe eure Liebe.

❖

Frei sein heißt nichts anderes, als in der Liebe sein. Und in der Liebe sein heißt nichts anderes, als in der Wahrheit Gottes sein.
Der Mensch, der liebt, weil er durch die Wahrheit Gottes frei gemacht ist, ist der revolutionärste Mensch auf Erden.

Ein Brautpaar hat das Recht darauf, den Tag
der Hochzeit mit dem Gefühl eines unvergleich-
lichen Triumphes zu begrüßen und zu begehen.
Wenn alle Schwierigkeiten, Widerstände, Hin-
dernisse, Zweifel und Bedenken – nicht in den
Wind geschlagen, aber ehrlich ausgestanden und
überwunden sind – und es ist sicher gut, wenn
nicht alles gar zu selbstverständlich geht –, dann
haben die beiden in der Tat den entscheidenden
Triumph ihres Lebens errungen. Mit dem Ja,
das sie zueinander gesprochen haben, haben sie
ihrem ganzen Leben in freier Entscheidung eine
neue Wendung gegeben; sie haben allen Fragen und Bedenklichkeiten, die das Leben jeder
dauernden Verbindung zweier Menschen ent-
gegenstellt, in froher Gewissheit Trotz geboten
und sich in eigener Tat und Verantwortung ein
Neuland für ihr Leben erobert.

Wenn wir uns in unruhigen Zeiten einmal fragen, was eigentlich von all der Aufregung, von all dem Hin und Her der Gedanken und Überlegungen, von all den Sorgen und Befürchtungen, von allen Wünschen und Hoffnungen, die wir uns machen, wirklich zuletzt übrig bleibt – und wenn wir uns dann die Antwort der Bibel geben lassen wollen, so wird uns gesagt:

Es bleibt von all dem zuletzt nur eines, nämlich die Liebe, die wir in unseren Gedanken, Sorgen, Wünschen und Hoffnungen gehabt haben. Alles andere hört auf, vergeht, alles, was wir nicht aus Liebe gedacht und ersehnt haben, alle Gedanken, alle Erkenntnis, alles Reden ohne Liebe hört auf – nur die Liebe höret nimmer auf (1 Kor 13,8).

Gott macht eure Ehe unauflöslich. „Was Gott zusammengefügt hat, das soll der Mensch nicht scheiden" (Mt 19,6). Gott fügt euch in der Ehe zusammen; das tut nicht ihr, sondern das tut Gott. Verwechselt eure Liebe zueinander nicht mit Gott. Gott macht eure Ehe unauflöslich, er schützt sie vor jeder Gefahr, die ihr von außen oder innen droht; Gott will der Garant ihrer Unauflöslichkeit sein. Es ist eine beglückende Gewissheit für den, der das weiß, dass keine Macht der Welt, keine Versuchung, keine menschliche Schwachheit auflösen kann, was Gott zusammenhält; ja, wer das weiß, darf getrost sagen: Was Gott zusammengefügt hat, das kann der Mensch nicht scheiden. Frei von aller Bangigkeit, die der Liebe immer innewohnt, dürft ihr in Gewissheit und voller Zuversicht nun zueinander sagen:

Wir können einander nie mehr verloren gehen, wir gehören einander durch Gottes Willen bis zum Tod.

Es gibt kaum ein beglückenderes Gefühl als zu spüren, dass man für andere Menschen etwas sein kann. Dabei kommt es gar nicht auf die Zahl, sondern auf die Intensität an. Schließlich sind eben die menschlichen Beziehungen doch einfach das Wichtigste im Leben; daran kann auch der moderne „Leistungsmensch" nichts ändern, aber auch nicht die, die von menschlichen Beziehungen nichts wissen. Gott selbst lässt sich von uns im Menschlichen dienen.

Was ist mir das schönste Buch oder Bild oder Haus oder Gut gegenüber meiner Frau, meinen Eltern, meinem Freund? So kann allerdings nur sprechen, wer wirklich in seinem Leben Menschen gefunden hat. Für viele Heutige ist der Mensch doch auch nur ein Teil der Welt der Dinge. Das liegt daran, dass ihnen das Erlebnis des Menschlichen einfach abgeht.

Indem Gott heute zu eurem Ja sein Ja gibt, indem Gottes Wille in euren Willen einwilligt, indem Gott euch euren Triumph und Jubel und Stolz lässt und gönnt, macht er euch doch zugleich zu Werkzeugen seines Willens und Planes mit euch und mit den Menschen. Gott sagt in der Tat in unbegreiflicher Herablassung sein Ja zu eurem Ja; aber indem er das tut, schafft er zugleich etwas ganz Neues: er schafft aus eurer Liebe – den heiligen Ehestand.

Gott stiftet eure Ehe. Ehe ist mehr als eure Liebe zueinander. Sie hat höhere Würde und Gewalt; denn sie ist Gottes heilige Stiftung, durch die er die Menschen bis ans Ende der Tage erhalten will. In eurer Liebe seht ihr euch beide nur allein auf der Welt, in der Ehe seid ihr ein Glied in der Kette der Geschlechter, die Gott zu seiner Ehre kommen und vergehen lässt und zu seinem Reich ruft; in eurer Liebe seht ihr nur den Himmel eures eigenen Glückes, durch die Ehe seid ihr verantwortlich in die Welt und in die Gemeinschaft der Menschen hineingestellt; eure Liebe gehört euch allein und persönlich, die Ehe ist etwas Oberpersönliches, sie ist ein Stand, ein Amt.

Das ist das große Wunder
der Liebe Gottes zu uns
und es ist der unergründliche weise Rat,
dass diese Liebe uns gewinnt und rettet.

Die Liebe will die Welt
und den Menschen
und die Geheimisse Gottes
begreifen und verstehen und erklären.

Nicht der fernste Stern ist das größte Geheimnis, sondern im Gegenteil, je näher uns etwas kommt, je besser wir etwas wissen, desto geheimnisvoller wird es uns. Nicht der fernste Mensch ist uns das größte Geheimnis, sondern gerade der Nächste. Und sein Geheimnis wird uns dadurch nicht geringer, dass wir immer mehr von ihm wissen; sondern in seiner Nähe wird er uns immer geheimnisvoller. Es ist die letzte Tiefe alles Geheimnisvollen, wenn zwei Menschen einander so nahe kommen, dass sie einander lieben. Nirgends in der Welt spürt der Mensch die Macht des Geheimnisses und seine Herrlichkeit so stark wie hier. Wo zwei Menschen alles voneinander wissen, wird das Geheimnis ihrer Liebe zwischen ihnen unendlich groß. Und erst in dieser Liebe verstehen sie einander, wissen sie ganz voneinander, erkennen sie einander ganz, und doch, je mehr sie einander lieben und in der Liebe voneinander wissen, je tiefer erkennen sie das Geheimnis ihrer Liebe. Also das Wissen hebt das Geheimnis nicht auf, sondern vertieft es. Dass der andere mir so nahe ist, das ist das größte Geheimnis.

❖

Weil also allein in der Liebe Gott selbst durch uns handelt – während in allem anderen wir selbst handeln; es sind unsere Gedanken, unser Reden, unsere Erkenntnisse, aber es ist Gottes Liebe. Und was von uns ist, muss aufhören, alles – aber was von Gott ist, das bleibt.

❖

Der Inhalt der Verantwortung
Jesu Christi für die Menschen
ist Liebe, ihre Form ist Freiheit.

Es ist zunächst etwas sehr Einfältiges, was hier gesagt ist, nämlich dass ein Leben Sinn und Wert hat, nur sofern Liebe in ihm ist, und dass ein Leben nichts, gar nichts ist und keinen Sinn und Wert hat, wenn keine Liebe in ihm ist (1 Kor 13,1–3). Ein Leben ist so viel wert, wie viel Liebe es hat. Alles andere ist nichts, gar nichts, ganz gleichgültig, ganz unwichtig, alles Schlechte und alles Gute, alles Große und alles Kleine ist unwichtig – wir sind nur nach einem gefragt, ob wir Liebe haben oder nicht.

„Und wenn ich weissagen könnte und wüsste alle Geheimnisse und Erkenntnisse ...", wenn ich wüsste, warum ich diesen Weg und warum jener jenen Weg gehen muss, wenn ich die dunklen Wege Gottes schon hier erkennen könnte – ja, wäre das nicht die Seligkeit? ... Erkenntnis, Wissen, Wahrheit ohne Liebe ist nichts, sie ist nicht Wahrheit – denn Wahrheit ist Gott und Gott ist Liebe.

Was Liebe ist, weiß nur, wer Gott kennt,
nicht aber umgekehrt weiß man erst –
und zwar von Natur –, was Liebe ist
und daher dann auch, was Gott ist.

Warum muss alles andere aufhören und warum hört allein die Liebe nimmer auf? Weil allein in der Liebe der Mensch sich selbst aufgibt, seinen Willen drangibt für den anderen, weil also allein die Liebe nicht aus meinem eigenen Selbst kommt, sondern aus einem anderen Selbst, aus dem Selbst Gottes.

Gedanken für Eheleute

Geduldig zuhören
Wer nicht lange und geduldig zuhören kann, der wird am andern immer vorbeireden und es selbst schließlich gar nicht mehr merken.

Kein verletzendes Wort
Das schnell entfahrene Wort, das wir so leicht nehmen, offenbart, dass wir den anderen nicht ehren, uns über ihn erheben und also unser Leben höher einschätzen als das seine.

Einander Freiheit lassen

Zur Freiheit des andern gehört all das, was wir
unter Wesen, Eigenart, Veranlagung verstehen,
gehören auch die Schwächen und Wunderlich-
keiten, die unsere Geduld so hart beanspruchen,
gehört alles, was die Fälle der Reibungen, Gegen-
sätze und Zusammenstöße zwischen mir und
dem andern hervorbringt.

Unterschiede akzeptieren

Gott will nicht, dass ich den andern nach dem
Bilde forme, das mir gut erscheint, also nach
meinem eigenen Bilde, sondern in seiner Freiheit
von mir hat Gott den andern zu seinem Ebenbild
gemacht.

TOD UND TRAUER

Nach dem Tode
geht ein Neues an,
über das alle Mächte der Todeswelt
keine Gewalt mehr haben.

Das Leiden muss getragen werden,
damit es vorübergeht.

Mit dem Sterben fertigwerden bedeutet noch
nicht, mit dem Tod fertigwerden.
Die Überwindung des Sterbens ist im Bereich
menschlicher Möglichkeiten, die Überwindung
des Todes heißt Auferstehung.

Gott will die Überwindung des Todes
durch den Tod Jesu Christi.
Allein in Kreuz und Auferstehung Jesu Christi
ist der Tod in Gottes Gewalt gekommen,
muss er den Zielen Gottes dienen.

❖

Je schöner und voller die Erinnerungen,
desto schwerer die Trennung.
Aber die Dankbarkeit verwandelt die Qual
der Erinnerung in eine stille Freude.
Man trägt das vergangene Schöne nicht
wie einen Stachel, sondern wie ein
kostbares Geschenk in sich.

❖

Gegen das Vergessen
schützt nur die Liebe.

Es gibt nichts, was uns die Abwesenheit eines uns lieben Menschen ersetzen kann, und man soll das auch gar nicht versuchen; man muss es einfach aushalten und durchhalten; das klingt zunächst sehr hart, aber es ist doch zugleich ein großer Trost; denn indem die Lücke wirklich unausgefüllt bleibt, bleibt man durch sie miteinander verbunden. Es ist verkehrt, wenn man sagt, Gott füllt die Lücke aus; er füllt sie gar nicht aus, sondern er hält sie vielmehr gerade unausgefüllt und hilft uns dadurch, unsere echte Gemeinschaft – wenn auch unter Schmerzen – zu bewahren. Ferner: Je schöner und voller die Erinnerungen, desto schwerer die Trennung.

Nicht nur den Heimberufenen, sondern auch uns Lebenden gehört die Freude, die uns keiner rauben soll. In dieser Freude sind wir mit ihnen eins, niemals aber in der Traurigkeit. Wie sollen wir den freudlos und mutlos Gewordenen helfen können, wenn wir nicht selbst von Mut und Freude getragen sind? Nichts Gemachtes, Erzwungenes, sondern etwas Geschenktes, Freies ist da gemeint. Bei Gott wohnt die Freude, und von ihm kommt sie herab und ergreift Geist, Seele und Leib, und wo diese Freude einen Menschen gefasst hat, dort greift sie um sich, dort reißt sie mit, dort sprengt sie verschlossene Türen. Es gibt eine Freude, die von Schmerz, Not und Angst des Herzens gar nichts weiß; sie hat keinen Bestand, sie kann nur für Augenblicke betäuben. Die Freude Gottes ist durch die Armut der Krippe und die Not des Kreuzes gegangen; darum ist sie unüberwindlich, unwiderleglich.

Man muss sich hüten, in den Erinnerungen zu wühlen, sich ihnen auszuliefern, wie man auch ein kostbares Geschenk nicht immerfort betrachtet, sondern nur zu besonderen Stunden und es sonst nur wie einen verborgenen Schatz, dessen man sich gewiss ist, besitzt; dann geht eine dauernde Freude und Kraft von dem Vergangenen aus. Vom ersten Aufwachen bis zum Einschlafen müssen wir den anderen Menschen ganz und gar Gott befehlen und ihm überlassen, und aus unseren Sorgen um den andren Gebete für ihn werden lassen.

Die Grenze der Welt, das Ende der Welt
ist der Anfang eines Neuen, der Ewigkeit.
Hier verliert die Zeit ihre Gewalt
an die Ewigkeit, das Letzte in der Welt,
der Tod, wird zu einem Vorletzten.

Dass Jesus Christus starb,
ist wichtiger, als dass ich sterbe,
und dass Jesus Christus
von den Toten auferweckt wurde,
ist der einzige Grund meiner Hoffnung,
dass auch ich auferweckt werde
am Jüngsten Tag.

Die Liebe ist stark wie der Tod (Hld 8,6b); denn sie ist aus Gott. Auch der Tod ist von Gott, er hat seine Gewalt nicht aus sich, sondern durch Gott, darum nur kann er der Liebe trotzen, darum aber muss er auch der Liebe unterliegen, weil er nur das Vorläufige ist, vor dem Letzten, weil Gott nicht der Tod, sondern die Liebe ist.

Der Tod ist stark über die Welt; er reißt Wunden, die nie mehr ganz heilen, er vermag das Gewaltigste, was es gibt, denn er vermag liebende Herzen zu trennen, er vermag zu siegen über die Liebe in dieser Welt. Aber die Liebe ist stark wie der Tod. Der Tod ist stark über die Welt, die Liebe aber ist stark für die Ewigkeit. Gott schuf die Menschen ineinander von Ewigkeit her. Freund und Freund, Gatten und Gatten, er schuf sie, dass der eine seine Seele durch den anderen fände und läutere, dass sie nicht mehr zwei, sondern ein Leben lebten aus der Liebe.

Heilen, leiten, trösten (Jes 57,18) – das ist Gottes Tun. Gott sieht unsere Wege an; es ist Gnade, wenn er das tut; er kann uns auch unsrer Wege gehen lassen, ohne sie anzusehen. Aber er hat sie angesehen – und er sah uns verwundet, verirrt, verängstigt. Nun ist er dabei uns zu heilen. Gott leitet uns durch Glück und Unglück immer nur zu Gott. Daran erkennen wir Gottes Wege. Gott will uns trösten. Gott tröstet nur, wenn Grund genug dafür vorhanden ist, wenn Menschen nicht ein noch aus wissen, wenn die Sinnlosigkeit des Lebens sie ängstigt. Die Welt, wie sie in Wirklichkeit ist, macht uns immer Angst. Aber wer getröstet wird, sieht und hat mehr als die Welt, er hat das Leben mit Gott. Nichts ist zerstört, verloren, sinnlos, wenn Gott tröstet.

Wie heilt, wie leitet, wie tröstet Gott? Allein dadurch, dass er eine Stimme in uns gibt, die sagt, betet, ruft, schreit: „Lieber Vater" (Gal 4,6)!

Register

Quellenverzeichnis

S. 6/7: Widerstand und Ergebung, DBW Band 8, Seite 607 f; S. 8: Gemeinsames Leben/ Das Gebetbuch der Bibel, DBW Band 5, Seite 24; S. 9: Ethik, DBW Band 6, Seite 74 / Widerstand und Ergebung, DBW Band 8, Seite 29; S. 10: Ethik, DBW Band 6, Seite 70 f / Konspiration und Haft 1940-1945, DBW Band 16, Seite 670 f / ebd., Seite 491; S. 11: Ethik, DBW Band 6, Seite 403 f / Konspiration und Haft 1940-1945, DBW Band 16, Seite 490 / ebd., Seite 492; S. 12: Ethik, DBW Band 6, Seite 141 f / Barcelona, Berlin, Amerika 1928-1931, DBW Band 10, Seite 572 f; S. 13: London 1933-1935, DBW Band 13, Seite 322 / Nachfolge, DBW Band 4, Seite 157 f; S. 14: Barcelona, Berlin, Amerika 1928-1931, DBW Band 10, Seite 514 / Illegale Theologenausbildung: Sammelvikariate 1937-1940, DBW Band 15, Seite 525; S. 15: London 1933-1935, DBW 13, Seite 298 f / Nachfolge, DBW Band 4, Seite 158 / London 1933-1935, DBW Band 13, S. 292; S. 16: Widerstand und Ergebung, DBW Band 8, Seite 435f / London 1933-1935, DBW Band 13, Seite 400; S. 17: Widerstand und Ergebung, DBW Band 8, Seite 560 / Illegale Theologenausbildung: Finkenwalde 1935-1937, DBW Band 14, Seite 146, 148 / Barcelona, Berlin, Amerika 1928-1931, DBW Band 10, Seite 572 f; S. 18: Widerstand und Ergebung, DBW Band 8, Seite 33 f; S. 19: Ethik, DBW Band 6, Seite 37f / Widerstand und Ergebung, DBW Band 8, Seite 572 / ebd., Seite 244; S. 20: Widerstand und Ergebung, DBW Band 8, Seite 572 f / London 1933-1935, DBW Band 13, Seite 414 f / Gemeinsames Leben/Das Gebetbuch der Bibel, DBW Band 5, Seite 19 f; S. 21: Widerstand und Ergebung, DBW Band 8, Seite 310 f / Illegale Theologenausbildung: Finkenwalde 1935-1937, DBW Band 14, Seite 871 ff / Berlin 1932-1933, DBW Band 12, Seite 446; S. 22: Ethik, DBW Band 6, Seite 85 f / London 1933-1935, DBW Band 13, Seite 414 f / Illegale Theologenausbildung: Sammelvikariate 1937-1940, DBW Band 15, Seite 510 f; S. 23: Jugend und Studium 1918-1927, DBW Band 9, Seite 305 f / Nachfolge, DBW Band 4, Seite 21 ff / ebd., Seite 171; S. 24: Illegale Theologenausbildung: Finkenwalde 1935-1937, DBW Band 14, Seite 868 / Barcelona, Berlin, Amerika 1928-1931, DBW Band 10, Seite 572 f / Berlin 1932-1933, DBW Band 12, Seite 458; S. 25: Konspiration und Haft 1940-1945, DBW Band 16, Seite 671f / Widerstand und Ergebung, DBW Band 8, Seite 245 / Ökumene, Universität, Pfarramt 1931-1932, DBW Band 11, Seite 465; S. 26: Barcelona, Berlin, Amerika 1928-1931, DBW Band 10, Seite 572 f / Nachfolge, DBW Band 4, Seite 23 / Konspiration und Haft 1940-1945, DBW Band 16, Seite 373; S. 27: Berlin 1932-1933, DBW Band 12, Seite 458 / Barcelona, Berlin, Amerika 1928-1931, DBW Band 10, Seite 529, 530, 531, 532 / Ethik, DBW Band 6, Seite 279; S. 28: Ethik, DBW Band 6, Seite 337; S. 29: London 1933-1935, DBW Band 13, Seite 387ff / Ethik, DBW Band 6, Seite 224 / London 1933-1935, DBW Band 13, Seite 387ff; S. 30: Ethik, DBW Band 6, Seite 70 / Ethik, DBW Band 6, Seite 69 / Gemeinsames Leben/Das Gebetbuch der Bibel, DBW Band 5, Seite 46 f; S. 31: Berlin 1932-1933, DBW Band 12, Seite 426 f / Widerstand und Ergebung, DBW Band 8, Seite 567 / Gemeinsames Leben/Das Gebetbuch der Bibel, DBW Band 5, Seite 82 f; S. 32: Ethik, DBW

Band 6, Seite 240 f / ebd., Seite 74 f / London 1933-1935, DBW Band 13, Seite 328; S. 33: Konspiration und Haft 1940-1945, DBW Band 16, Seite 491 / ebd., Seite 491 / Widerstand und Ergebung, DBW Band 8, Seite 158 / Illegale Theologenausbildung: Finkenwalde 1935-1937, DBW 14, S. 952; S. 34: London 1933-1935, DBW Band 13, Seite 387ff / Ökumene, Universität, Pfarramt 1931-1932, DBW Band 11, Seite 461 / Barcelona, Berlin, Amerika 1928-1931, DBW Band 10, Seite 536 f; S. 35: Ethik, DBW Band 6, Seite 240 / London 1933-1935, DBW Band 13, Seite 390 f; S. 36: Ökumene, Universität, Pfarramt 1931-1932, DBW Band 11, Seite 423 f, 426 / London 1933-1935, DBW Band 13, Seite 387ff / Ökumene, Universität, Pfarramt 1931-1932, DBW Band 11, Seite 424; S. 37: Widerstand und Ergebung, DBW Band 8, Seite 38 / London 1933-1935, DBW Band 13, Seite 393 f; S. 38: Ökumene, Universität, Pfarramt 1931-1932, DBW Band 11, Seite 461f / Ethik, DBW Band 6, Seite 85 f / Gemeinsames Leben/Das Gebetbuch der Bibel, DBW Band 5, Seite 84; S. 39: Gemeinsames Leben/Das Gebetbuch der Bibel, DBW Band 5, Seite 30 / Illegale Theologenausbildung: Finkenwalde 1935-1937, DBW Band 14, Seite 951f / Widerstand und Ergebung, DBW Band 8, Seite 205 f; S. 40: London 1933-1935, DBW Band 13, Seite 517 / ebd., Seite 390 / Ökumene, Universität, Pfarramt 1931-1932, DBW Band 11, Seite 464 f; S. 41: Ethik, DBW Band 6, Seite 74 / Illegale Theologenausbildung: Finkenwalde 1935-1937, DBW Band 14, Seite 951f / London 1933-1935, DBW Band 13, Seite 380 f, 383 f; S. 42: Nachfolge, DBW Band 4, Seite 158; S. 43: Widerstand und Ergebung, DBW Band 8, Seite 36 / London 1933-1935, DBW Band 13, Seite 401f; S. 44: London 1933-1935, DBW Band 13, Seite 514 f / ebd., Seite 348 f; S. 45: London 1933-1935, DBW Band 13, Seite 403 f / Illegale Theologenausbildung: Finkenwalde 1935-1937, DBW Band 14, Seite 908; S. 46: London 1933-1935, DBW Band 13, Seite 375 f / Barcelona, Berlin, Amerika 1928-1931, DBW Band 10, Seite 515 ff / London 1933-1935, DBW Band 13, Seite 328; S. 47: Barcelona, Berlin, Amerika 1928-1931, DBW Band 10, Seite 504 / ebd., Seite 536 f; S. 48: Barcelona, Berlin, Amerika 1928-1931, DBW Band 10, Seite 537f / London 1933-1935, DBW Band 13, Seite 324; S. 49: Widerstand und Ergebung, DBW Band 8, Seite 36 / Illegale Theologenausbildung: Sammelvikariate 1937-1940, DBW Band 15, Seite 475; S. 50: Illegale Theologenausbildung: Finkenwalde 1935-1937, DBW Band 14, Seite 871 / Widerstand und Ergebung, DBW Band 8, Seite 30 / Barcelona, Berlin, Amerika 1928-1931, DBW Band 10, Seite 537f; S. 51: Illegale Theologenausbildung: Sammelvikariate 1937-1940, DBW Band 15, Seite 373 f / Widerstand und Ergebung, DBW Band 8, Seite 36, S. 52: Widerstand und Ergebung, DBW Band 8, Seite 204 / Berlin, 1932-1933, DBW Band 12, Seite 443; S. 53: Widerstand und Ergebung, DBW Band 8, Seite 204 f / Barcelona, Berlin, Amerika 1928-1931, DBW Band 10, Seite 536 f; S. 54: Illegale Theologenausbildung: Sammelvikariate 1937-1940, DBW Band 15, Seite 271f / Widerstand und Ergebung, DBW Band 8, Seite 31; S. 55: Widerstand und Ergebung, DBW Band 8, Seite 569 / Barcelona, Berlin, Amerika 1928-1931, DBW Band 10, Seite 458 f / Nachfolge, DBW Band 4, Seite 171; S. 56: London 1933-1935, DBW Band 13, Seite 344 f; S. 57: Illegale Theologenausbildung: Sammelvikariate 1937-1940, DBW Band 15, Seite 507f; S. 58: Widerstand und Ergebung, DBW Band 8, Seite 255 f / Ökumene, Universität,

Pfarramt 1931-1932, DBW Band 11, Seite 464 f; S. 59: Widerstand und Ergebung, DBW Band 8, Seite 30 / ebd., Seite 571 / London 1933-1935, DBW Band 13, Seite 339 f; S. 60: Illegale Theologenausbildung: Sammelvikariate 1937-1940, DBW Band 15, Seite 518f / Widerstand und Ergebung, DBW Band 8, Seite 558 ff; S. 61: Konspiration und Haft 1940-1945, DBW Band 16, Seite 653 f; S. 62: Barcelona, Berlin, Amerika 1928-1931, DBW Band 10, Seite 479 f / London 1933-1935, DBW Band 13, Seite 401; S. 63: Illegale Theologenausbildung: Finkenwalde 1935-1937, DBW Band 14, Seite 871 / Ethik, DBW Band 6, Seite 288; S. 64: Illegale Theologenausbildung: Finkenwalde 1935-1937, DBW Band 14, Seite 871f / Widerstand und Ergebung, DBW Band 8, Seite 543; S. 65: Barcelona, Berlin, Amerika 1928-1931, DBW Band 10, Seite 479 f / London 1933-1935, DBW Band 13, Seite 348 f; S. 66: Illegale Theologenausbildung: Sammelvikariate 1937-1940, DBW Band 15, Seite 518f / Ökumene, Universität, Pfarramt 1931-1932, DBW Band 11, Seite 461f / Gemeinsames Leben/Das Gebetbuch der Bibel, DBW Band 5, Seite 25; S. 67: Ökumene, Universität, Pfarramt 1931-1932, DBW Band 11, Seite 464 f / ebd., Seite 393 / Widerstand und Ergebung, DBW Band 8, Seite 429f; S. 68: London 1933-1935, DBW Band 13, Seite 348 f / Barcelona, Berlin, Amerika 1928-1931, DBW Band 10, Seite 455 f / Konspiration und Haft 1940-1945, DBW Band 16, Seite 651; S. 69: Illegale Theologenausbildung: Sammelvikariate 1937-1940, DBW Band 15, Seite 374 / Widerstand und Ergebung, DBW Band 8, Seite 289; S. 70: London 1933-1935, DBW Band 13, Seite 514 f; S. 71: Barcelona, Berlin, Amerika 1928-1931, DBW Band 10, Seite 529 / ebd., Seite 533; S. 72: Barcelona, Berlin, Amerika 1928-1931, DBW Band 10, Seite 533; S. 73: London 1933-1935, DBW Band 13, Seite 336 / Barcelona, Berlin, Amerika 1928-1931, DBW Band 10, Seite 529, 530, 531, 532 / ebd., Seite 533; S. 74: Konspiration und Haft 1940-1945, DBW Band 16, Seite 637 / ebd., Seite 637f / London 1933-1935, DBW Band 13, Seite 342; S. 75: Konspiration und Haft 1940-1945, DBW Band 16, Seite 636 f / ebd., Seite 637 / ebd., Seite 637f; S. 76: Konspiration und Haft 1940-1945, DBW Band 16, Seite 635 / Barcelona, Berlin, Amerika 1928-1931, DBW Band 10, Seite 583 f, 586 / Illegale Theologenausbildung: Sammelvikariate 1937-1940, DBW Band 15, Seite 547f; S. 77: London 1933-1935, DBW Band 13, Seite 359 f / Barcelona, Berlin, Amerika 1928-1931, DBW Band 10, Seite 529, 530, 531, 532 / London 1933-1935, DBW Band 13, Seite 360 f; S. 78: Ethik, DBW Band 6, Seite 83 / London 1933-1935, DBW Band 13, Seite 343 / Widerstand und Ergebung, DBW Band 8, Seite 246; S. 79: London 1933-1935, DBW Band 13, Seite 339 f / ebd., Seite 336 / Konspiration und Haft 1940-1945, DBW Band 16, Seite 634 f; S. 80: Konspiration und Haft 1940-1945, DBW Band 16, Seite 634 / Illegale Theologenausbildung: Sammelvikariate 1937-1940, DBW Band 15, Seite 54; S. 81: Konspiration und Haft 1940-1945, DBW Band 16, Seite 373 / Ökumene, Universität, Pfarramt 1931-1932, DBW Band 11, Seite 464 f / Gemeinsames Leben/Das Gebetbuch der Bibel, DBW Band 5, Seite 84; S. 82: Illegale Theologenausbildung: Sammelvikariate 1937-1940, DBW Band 15, Seite 19; S. 83: Illegale Theologenausbildung: Sammelvikariate 1937-1940, DBW Band 15, Seite 465 / Konspiration und Haft 1940-1945, DBW Band 16, Seite 472f / Ethik, DBW Band 6, Seite 243; S. 84: Illegale Theologenausbildung: Finkenwalde 1935-1937, DBW Band 14,

Seite 951f / Konspiration und Haft 1940-1945, DBW Band 16, Seite 194 / Widerstand und Ergebung, DBW Band 8, Seite 368 f; S. 85: Ökumene, Universität, Pfarramt 1931-1932, DBW Band 11, Seite 452 / Berlin 1932-1933, DBW Band 12, Seite 445 / Illegale Theologenausbildung: Sammelvikariate 1937-1940, DBW Band 15, Seite 467; S. 86: Nachfolge, DBW Band 4, Seite 113 f / ebd., Seite 107f / Ethik, DBW Band 6, Seite 74 f; S. 87: Ethik, DBW Band 6, Seite 78 / Widerstand und Ergebung, DBW Band 8, Seite 534 / Berlin 1932-1933, DBW Band 12, Seite 465; S. 88: Nachfolge, DBW Band 4, Seite 107f / London 1933-1935, DBW Band 13, Seite 300 f / Konspiration und Haft 1940-1945, DBW Band 16, Seite 472 f; S. 89: Illegale Theologenausbildung: Finkenwalde 1935-1937, DBW Band 14, Seite 859 / Ethik, DBW Band 6, Seite 78f / ebd.; S. 90: Barcelona, Berlin, Amerika 1928-1931, DBW Band 10, Seite 464 / Ethik, DBW Band 6, Seite 404 f; S. 91: Widerstand und Ergebung, DBW Band 8, Seite 99f / ebd., Seite 205f / ebd.; S. 92: Illegale Theologenausbildung: Sammelvikariate 1937-1940, DBW Band 15, Seite 523 f / ebd., Seite 569 / Konspiration und Haft 1940-1945, DBW Band 16, Seite 653 f ; S. 93: Ökumene, Universität, Pfarramt 1931-1932, DBW Band 11, Seite 445 f; S. 94/95: London 1933-1935, DBW Band 13, Seite 387ff / Illegale Theologenausbildung: Sammelvikariate 1937-1940, DBW Band 15, Seite 502; S. 96: Illegale Theologenausbildung: Sammelvikariate 1937-1940, DBW Band 15, Seite 500; S. 97: London 1933-1935, DBW Band 13, Seite 359 fS. 98: Widerstand und Ergebung, DBW Band 8, Seite 572 f; S. 100: London 1933-1935, DBW Band 13, Seite 361 / Ökumene, Universität, Pfarramt 1931-1932, DBW Band 11, Seite 461f; S. 101: Widerstand und Ergebung, DBW Band 8; S. 102: London 1933-1935, DBW Band 13, Seite 393 f; S. 103: Widerstand und Ergebung, DBW Band 8, Seite 75; S. 104: ebd., Seite 567; S. 105: ebd., DBW Band 8, Seite 75; S. 106: ebd., DBW Band 8, Seite 35; S. 107: Konspiration und Haft 1940-1945, DBW Band 16, Seite 636 / London 1933-1935, DBW Band 13, Seite 395 f; S. 108: London 1933-1935, DBW Band 13, Seite 360 f; S. 109: London 1933-1935, DBW Band 13, Seite 393 f / ebd.; S. 110: London 1933-1935, DBW Band 13, Seite 380 f, 383 f; S. 111: Ethik, DBW Band 6, Seite 230 ff / ebd., Seite 337; S. 112/113: Gemeinsames Leben/Das Gebetbuch der Bibel, DBW Band 5, Seite 82 ff; S. 114: Ökumene, Universität, Pfarramt 1931-1932, DBW Band 11, Seite 433 / Nachfolge, DBW Band 4, Seite 84 / Widerstand und Ergebung, DBW Band 8, Seite 368; S. 115: Konspiration und Haft 1940-1945, DBW Band 16, Seite 194 / Widerstand und Ergebung, DBW Band 8, Seite 255 f / Illegale Theologenausbildung: Sammelvikariate 1937-1940, DBW Band 15, Seite 525; S. 116: Widerstand und Ergebung, DBW Band 8, Seite 255 f; S. 117: Konspiration und Haft 1940-1945, DBW Band 16, Seite 373; S. 118: Widerstand und Ergebung, DBW Band 8, Seite 255 f; S. 119: Barcelona, Berlin, Amerika 1928-1931, DBW Band 10, Seite 501f / Gemeinsames Leben/Das Gebetbuch der Bibel, DBW Band 5, Seite 46 f; S. 120: Barcelona, Berlin, Amerika 1928-1931, DBW Band 10, Seite 524; S. 121: Konspiration und Haft 1940-1945, DBW Band 16, Seite 651f